Michaela Nadine Leonhardt

Klaus Mollenhauer: Erziehung und Emanzipation. Polemische Skizzen (1968)

GRIN Verlag

Bibliografische Information der Deutschen Nationalbibliothek:

Die Deutsche Bibliothek verzeichnet diese Publikation in der Deutschen National-
bibliografie; detaillierte bibliografische Daten sind im Internet über http://dnb.d-
nb.de/ abrufbar.

Impressum:

Copyright © 2007 GRIN Verlag GmbH
Druck und Bindung: Books on Demand GmbH, Norderstedt Germany
ISBN: 978-3-656-60983-4

Dieses Buch bei GRIN:

http://www.grin.com/de/e-book/142776/klaus-mollenhauer-erziehung-und-eman-
zipation-polemische-skizzen-1968

Universität Stuttgart
Institut für Philosophie
EPG II: Ethik und Pädagogik
Sommersemester 2007

Klaus Mollenhauer:

Erziehung und Emanzipation.

Polemische Skizzen **(1968)**

von

Michaela Nadine Leonhardt

Michaela Nadine Leonhardt

Staatsexamen: Geschichte/Englisch
6. Fachsemester

Inhaltsverzeichnis

1. **Einleitung**

Als eine der bedeutendsten Persönlichkeiten der Sozialpädagogik im Deutschland der sechziger und frühen siebziger Jahre rief Klaus Mollenhauer (1928-1998) mit seinen Ansichten eine rege öffentliche Diskussion und kontroverse Reaktionen hervor. Gegenstand dieser Arbeit sollen die Grundtendenzen seiner Forschungstheorie sein, wobei das Hauptmerk auf sein im Jahr 1968 veröffentlichtes Werk *Erziehung und Emanzipation. Polemische Skizzen*, in welchem er die Bedeutung und Wirkungsmöglichkeiten der geisteswissenschaftlichen Pädagogik hinterfragt, gerichtet ist.

Um Mollenhauers Forschungstheorie besser nachvollziehen zu können, wird in einem ersten Schritt zunächst ganz generell darzustellen sein, welche Tendenzen der Entwicklung der autonomen Pädagogik in Deutschland zugrunde lagen. Der folgende Abschnitt soll das zweite Kapitel aus Mollenhauers zuvor genanntem Werk behandeln, in welchem der Autor den Aspekt der „Funktionalität und Disfunktionalität von Erziehung" erörtert. Ziel der vorliegenden Arbeit ist es, Mollenhauers Hauptthesen aus diesem Kapitel so darzustellen, dass seine Auseinandersetzung mit der geisteswissenschaftlichen Sozialpädagogik nachvollziehbar erörtert und in Bezug zu anderen Autoren gesetzt wird. Dabei soll, wo dies angemessen erscheint, auf einige wenige persönliche und wissenschaftliche Lebensdaten Mollenhauers eingegangen werden. Denn die wissenschaftliche Prägung und die radikalen gesellschaftlichen und politischen Umwälzungen, die der Autor in seinem Leben erfuhr, können bei einer Beschäftigung mit seinem Werk nicht gänzlich unberücksichtigt bleiben. In einem letzten Punkt soll abschließend die Bedeutung von Mollenhauers Thesen für die damalige aber auch die aktuelle wissenschaftliche Diskussion angeführt werden.

2. <u>Die Entwicklungsgeschichte der autonomen Pädagogik in Deutschland</u>

Während die Debatte um die Problematik der Autonomie der Pädagogik, ihre Bemühung um Eigenständigkeit hinsichtlich äußerer politischer und gesellschaftlicher Einflüsse, aber auch im Hinblick auf ihre eigene wissenschaftliche Begrifflichkeit, bereits im 18. Jahrhundert entstanden war, erreichte sie Mitte des 19. Jahrhunderts einen Höhepunkt. Vordergründiges Anliegen war das Verhältnis zwischen den Institutionen Schule, Kirche und Staat: Die autonome Pädagogik forderte eine Befreiung der Schule von kirchlichen, in erster Linie konfessionellen, Einflüssen, um eine gemeinsame und überkonfessionelle Erziehung zu ermöglichen. Und auch in der Zeit zwischen den beiden Weltkriegen charakterisierte sich die Bildungspolitik dadurch, dass „alle Selbstverständlichkeiten, die z.B. das katholische Milieu noch im Weltkrieg bekräftigt hatte, jetzt problematisiert w[u]rden".[1] Hinsichtlich ihrer Forderungen bezüglich einer wissenschaftlichen Anerkennung der Pädagogik und der Rolle der Erziehung in der Gesellschaft, die teilweise anerkannt wurden, konnte sich die autonome Pädagogik in diesem Prozess schließlich etablieren. Es waren nicht zuletzt die Kriegserfahrungen, welche die Wichtigkeit einer pädagogischen Autonomie für die gesellschaftliche und politische Entwicklung verdeutlichten und somit die autonome Pädagogik zum Gegenstand nachkriegszeitlicher Diskussionen machte.

In den 1960er Jahren, einer Zeit, in der gesellschafts- und erziehungskritische Tendenzen Einzug in die Wissenschaft hielten, fanden sozialwissenschaftliche Konzepte Berücksichtigung in der Debatte um die autonome Pädagogik, die sich ihrerseits um „eine kritische Erneuerung der These von der Eigenständigkeit der Pädagogik und vom kritischen Potential der Erziehungs- und Bildungsarbeit"[2] bemühten.

Auch Klaus Mollenhauer, begründender Theoretiker der Kritischen Erziehungswissenschaft, nahm die Eindrücke, welche er von den gesellschaftlichen und politischen Entwicklungen seiner Zeit gewann, in seine wissenschaftliche Arbeit auf und hat hierdurch wie

---

[1] Heinz-Elmar Tenorth: Kritische Erziehungswissenschaft oder: von der Notwendigkeit der Übertreibung bei der Erneuerung der Pädagogik. In: Dietrich, Cornelie und Müller, Hans-Rüdiger (Hrsg.): Bildung und Emanzipation. Klaus Mollenhauer weiterdenken. Weinheim/München 2000, S. 112.
[2] Ebd., S. 121.

„[w]ohl kein anderer Erziehungswissenschaftler jener Epoche [...] den Geist der auslaufenden Adenauerära, aber eben auch den Geist der dagegen opponierenden Jugend- und Studentenbewegung so exemplarisch widerspiegelt, so sehr aber auch gelesen als Zeichen einer Epoche, die sich des auf ihr lastenden Legitimationsdrucks nicht mehr dauerhaft würde verschließen können."[3]

Klaus Mollenhauer verlegte also den Schwerpunkt der Pädagogik auf die gesellschaftlichen Realitäten und forderte eine neue, sich an diesen Gegebenheiten orientierende, realistische Erziehungstheorie, deren Hauptziel, so Christian Niemeyer, „ein Sozialpädagogikkonzept [war], das der Hoffnung auf 'pädagogische Autonomie' entgültig entsagte und die Wissensgrundlagen der Disziplin für sozialwissenschaftliche Forschungsbefunde öffnete".[4]

---

[3] Christian Niemeyer: Klassiker der Sozialpädagogik. Einführung in die Theoriegeschichte einer Wissenschaft. Weinheim/München [2]2005, S. 232.
[4] Ebd., S. 218.

3. Klaus Mollenhauer: *Erziehung und Emanzipation. Polemische Skizzen* (1968)

Im Jahr 1968 veröffentlichte Klaus Mollenhauer den aus heutiger Sicht „'ersten Versuch einer Begründung Kritischer Erziehungswissenschaft in Deutschland'",[5] welcher in Teilen gar als „Grabrede auf die geisteswissenschaftliche Pädagogik"[6] verstanden wurde. Das Werk mit dem Titel *Erziehung und Emanzipation. Polemische Skizzen* rief lebhafte Debatten in den wissenschaftlichen Kreisen hervor, nicht zuletzt aufgrund der kritischen Haltung Mollenhauers gegenüber der geisteswissenschaftlichen Pädagogik: Diese hält der Autor für „nur begrenzt leistungsfähig [...] im Hinblick auf die Aufklärung derjenigen Zusammenhänge, die die Wirklichkeit der Erziehung ausmachen".[7]

Im Folgenden sollen Mollenhauers Überlegungen, in welche er – primär ausgehend von den Theorien Rousseaus, Humbolds und Schleiermachers – bis dahin unbeachtete Aspekte soziologischer Art einbezieht, anhand des zweiten Kapitels seines Buches exemplarisch dargestellt und erörtert werden.

3.1 Funktionalität und Disfunktionalität der Erziehung

Mollenhauers polemische Skizze „Funktionalität und Disfunktionalität der Erziehung" greift die pädagogische Autonomiedebatte auf und verweist auf deren erklärte Ziele: Neben der Befreiung der Erziehung von gesellschaftlichen, konfessionellen und politischen Einflüssen stand die Forderung nach einer eigenen theoretischen und wissenschaftlichen Grundlage für die Pädagogik als Wissenschaft. Mollenhauer zeigt sich wenig kompromissbereit hinsichtlich zeitgenössischer Theorien und setzt sich unter anderem kritisch mit den Einflüssen Herman Nohls (1879-1960), dem „Großvater aller geisteswissenschaftlicher Sozialpädagogen",[8] auseinander.

An dieser Stelle mag ein kurzer Exkurs zu Mollenhauers akademischer Laufbahn hilfreich erscheinen: Seit 1950 hatte Mollenhauer in einem zweiten Studium die Fächer Pädagogik, Germanistik und Soziologie studiert, unter anderem in Göttingen, einem bedeutenden Zentrum der geisteswissenschaftlichen Pädagogik. Dort

---

[5] Ebd., S. 227.
[6] Ebd.
[7] Klaus Mollenhauer: Erziehung und Emanzipation. Polemische Skizzen, München [4]1970, S. 9.
[8] Niemeyer: Klassiker der Sozialpädagogik, S. 139.

promovierte er im Jahr 1958 bei Erich Weniger, einem ehemaligen Schüler Nohls, mit der Arbeit „Die Ursprünge der Sozialpädagogik in der industriellen Gesellschaft", welche, laut Bodo Rödel, bereits als „erste[r] Schritt in Richtung Überwindung der geisteswissenschaftlichen Tradition in der Sozialpädagogik"[9] betrachtet werden kann. Im Anschluss begann Mollenhauer seine akademische Karriere als wissenschaftlicher Assistent Erich Wenigers. Interessanterweise emanzipiert sich Mollenhauer später in seiner theoretischen Forschungsarbeit von den Einflüssen Nohls und Wenigers und bringt seine kritische Einstellung gegenüber der geisteswissenschaftlichen Pädagogik offen zum Vorschein.

In seiner Auseinandersetzung mit seinen wissenschaftlichen Kollegen erörtert Mollenhauer in seinem Buch zunächst ein Zitat Hermann Nolls, in welchem dieser betont, dass "der Pädagoge [...] seine Aufgabe, ehe er sie im Namen der objektiven Ziele nimmt, im Namen des Kindes verstehen"[10] müsse. Obwohl diese Aussage sowohl die bisherige Orientierung der Pädagogik auf 'objektive' Ziele als auch auf die neue Perspektive, welche sich der Subjektivität des Individuums zuwendet, deutlich macht, möchte Mollenhauer noch einen Schritt weiter gehen: Zwar würde die Subjektivität hinsichtlich des zu erziehenden Kindes als grundlegendes Element der Autonomie und „theoretisch als Emanzipation von metaphysischen und geschichtlich relativierbaren Systemen und praktisch als Emanzipation von den geschichtlich-konkreten Herrschaftsansprüchen politischer Gegenwart"[11] gesehen, doch läge der wissenschaftliche Schwerpunkt noch immer auf der Interpretation derjenigen pädagogischen Schriften, die dazu dienen sollten, „jenes Wesen des erzieherischen Verhaltens auszumachen".[12] Hier lässt Mollenhauer seine Kritik an der geisteswissenschaftlichen Pädagogik verlauten: An die Stelle einer vergangenheitsorientierten Rechtfertigung theoretischer Ansätze durch die Geschichte müsse „eine detaillierte Analyse der gesellschaftlichen Implikation des Erziehungssystems"[13] treten – nur so könne eine Unabhängigkeit der Erziehung von gesellschaftlichen und politischen Einflüssen und Herrschaftsbedingungen erreicht werden. Eine solche Entwicklung war jedoch bis dahin nicht erkennbar, denn obwohl man sich der engen Beziehung zwischen der Erziehung des Individuums und

---

[9] Bodo Rödel: Rekonstruktion der Pädagogik Klaus Mollenhauers. Ein Beitrag zur Geschichte der Pädagogik in der Postmoderne. Hamburg 2005. (Sozialpädagogik in Forschung und Praxis; Bd. 12)
[10] Mollenhauer: Erziehung und Emanzipation, S. 23.
[11] Mollenhauer: Erziehung und Emanzipation, S. 23.
[12] Ebd.
[13] Ebd., S. 24.

gesellschaftlichen Entwicklungen bewusst war, orientierten sich die wissenschaftlichen Interessen anderweitig; somit verweist Mollenhauer an dieser Stelle zurecht auf diese Forschungslücke.

Mollenhauer richtet sich in seiner Kritik in erster Linie gegen die Theorien Nohls und Wenigers. Diese Theorien bezeichnet Mollenhauer als „idealistische Konzeption des guten Willens und der reinen pädagogischen Gesinnung",[14] die sich stark an Interessen und Kompetenzen orientiere. Wenn Nohl die Erziehung „in einem vorgesellschaftlichen, herrschaftsfreien, unpolitischen Raum"[15] situiert, „in dem das Kind zu 'seinem Wohle' kommen könnte, wenn nur der Erzieher sich entschlösse, das 'Wesen des erzieherischen Verhaltens' [...] zu realisieren",[16] hat dies nur wenig mit einer konfliktbehafteten gesellschaftlichen Realität zu tun. Mollenhauer, der persönlich von schwerwiegenden politischen und gesellschaftlichen Veränderungen in Deutschland – dem Dritten Reich, der Nachkriegszeit und der 68er Bewegung – geprägt war, forderte eine pädagogische Theorie, die das Verständnis der gesellschaftlichen Realitäten in ihre Überlegungen mit einbezog, statt sich – wie die geisteswissenschaftliche Pädagogik – nur soweit auf sie einzulassen „wie sie dem dekretierten Wesen des erzieherischen Verhaltens entsprechen konnte".[17]

Mollenhauer fordert nicht nur eine Abwendung von der idealisierten Sichtweise der geisteswissenschaftlichen Pädagogik, sondern auch eine Rückkehr zu dem unverfälschten emanzipatorischen Grundgedanken Rousseaus, dessen Thesen hinsichtlich des Erziehungsgedankens von der geisteswissenschaftlichen Pädagogik zwar aufgegriffen und weitergeführt wurden, jedoch eine Anpassung an deren eigenen Ideen fanden. Rousseaus Gedanken hinsichtlich einer Erziehungstheorie implizieren, dass die Erziehung nicht nur den bestehenden gesellschaftlichen Verhältnissen dienen sollte, sondern vor allem einer Veränderung oder Verbesserung eben jener Gesellschaft nicht im Wege stehen dürfte. In den Theorien der geisteswissenschaftlichen Pädagogik fanden Rousseaus Gedanken jedoch eine Reduzierung auf das „idyllische[...] Wohl des Kindes"[18] und auf das „Recht der Jugend auf ihre eigene Lebensart, Jugendkultur".[19] Durch die Schaffung ihrer

---

[14] Ebd.
[15] Ebd.
[16] Ebd.
[17] Mollenhauer: Erziehung und Emanzipation, S. 24.
[18] Ebd., S. 101.
[19] Ebd.

eigenen idealen „pädagogischen Gegenwelt"[20], so Mollenhauer, distanziere sich die geisteswissenschaftliche Pädagogik nicht nur von den gesellschaftlichen und politischen Realitäten sondern auch von der originären emanzipatorischen Zielsetzung.

Da seitens der geisteswissenschaftlichen Pädagogik keine ernsthafte Auseinandersetzung weder mit sozialen Bedingungen noch mit der aktuellen gesellschaftlichen Ordnung stattfand, konnte die Erziehung ihre disfunktionalen Momente nicht entfalten. Hierbei ist anzumerken, dass Mollenhauer Disfunktionalität als notwendig erachtet, da sie zur Entstehung eines gesellschaftlichen Konfliktes führe, der für die Entwicklung einer Gesellschaft nicht nur charakteristisch sei, sondern auch zu deren positiven Veränderung beitrage:

> „In solchem Licht gesehen, sind die Unzufriedenheit und der Zorn, die Konflikte und Widersprüche, die Abwegigkeiten und Verneinungen, die eine junge Generation hervorbringt, nichts, was nur entwicklungspsychologisch als vorübergehende Anpassungskrise der einzelnen Individuen zu interpretieren wäre, sondern eine kollektive Herausforderung: die Herausforderung nämlich, die bestehenden Ordnungen nicht nur als legal, sondern als legitim zu erweisen."[21]

Diese Theorie musste für die zeitgenössische wissenschaftliche Pädagogik regelrecht 'bedrohlich' gewirkt haben: Er spricht deutlich die Notwendigkeit einer Auseinandersetzung mit aktuellen politischen und gesellschaftlichen Problemen an, schlägt hierdurch eine neue Richtung in der Forschung ein, in der auch die Forderung nach einer Begründung der bestehenden gesellschaftlichen Ordnung eine wichtige Position einnimmt. In dieser Hinsicht betrachtet Mollenhauer auch die 68er Bewegung als ein „keinesweg[s] störende[s], sondern zuallererst nachdenkenswerte[s] Phänomen mit leitmotivischer Bedeutung für die Zukunft".[22]

3.2 Werte und Konflikte

Klaus Mollenhauer führt seine Argumentation fort, indem er auf die Aufgabe von Werten und Konflikten in der Pädagogik hinweist. Der Autor bezieht sich in seinen Ausführungen auf einen der bedeutendsten US-amerikanischen Sozialtheoretiker des 20. Jahrhunderts, Talcott Parson, den Begründer der strukturell-funktionalen Systemtheorie. Dessen Forschung beschäftigte sich mit der sozialen Stabilität einer

---

[20] Ebd., S. 27.
[21] Ebd., S. 101.
[22] Niemeyer: Klassiker der Sozialpädagogik, S. 231.

Gesellschaft und definierte Prozesse als 'funktional' oder 'disfunktional' im Bezug auf deren Nutzen für die „Stabilität des sozialen Systems".[23] Parsons Vorstellung, „daß Gesellschaften durch Übereinstimmung der Werte zusammengehalten werden, und die Meinung, daß Konflikte als disfunktional, als Störung des Gleichgewichts, zu betrachten seien [...]",[24] hatte bis zu diesem Zeitpunkt auch die Pädagogik maßgeblich beeinflusst.

Mollenhauer lehnt diese Sichtweise deutlich ab, betont, dass weder Anpassung noch eine Übereinstimmung von Wertvorstellungen den Zusammenhalt in einer Gesellschaft hervorbringen und verdeutlicht den Widerspruch, den Parsons Theorie zu den Interessen der autonomen Pädagogik darstellt. Mollenhauer bezieht sich in seinen Aussagen auf den US-amerikanischen Soziologen C. Wright Mills (1916-1962), der sich in seinem Werk *The Sociologial Imagination* (*Kritik der soziologischen Denkweise*) mit Parsons Theorie auseinandersetzt. Mills bezeichnet Werte als „historisch und soziologisch irrelevant, sofern sie nicht die Institutionen rechtfertigen und die Menschen zum institutionellen Handeln veranlassen"[25] und warnt zudem davor, „eine Idee schlechthin als die Theorie der Sozialordnung oder der Einheit der Gesellschaft zu missbrauchen".[26] Der Kritik an Parsons Theorie schloss sich auch der Soziologe, Publizist und Politiker Ralf Dahrendorf an, der zu dem Schluss kommt, dass eine reale Gesellschaft mit einem allgemeingültigen Konsens ohne Konflikte nicht bestehe, eine solche nicht nur als unrealistisch, sondern gar als utopisch zu bezeichnen sei – stattdessen unterläge die Gesellschaft einem ständigen Wandel.[27]

Trotzdem, so Mollenhauer, deute vieles darauf hin, dass die Erziehung in der gegenwärtigen Situation scheinbar nur dem Erhalt des bestehenden gesellschaftlichen Systems verpflichtet sei. Er bemängelt, dass

> „die Leistungsfähigkeit der Schule [...] an ihrer Fähigkeit [gemessen werde], den gesellschaftlich notwendigen Nachwuchsbedarf zu produzieren, [...] die einzelnen Schüler daran, wieweit sie den der Schule immanenten Ansprüchen genügten".[28]

---

[23] Mollenhauer: Erziehung und Emanzipation, S. 28.
[24] Ebd., S. 29.
[25] C. Wright Mills: Kritik der soziologischen Denkweise: Neuwied am Rhein/Berlin-Spandau 1963, S. 79f.
[26] Mills: Kritik der soziologischen Denkweise, S.80.
[27] Vgl. Ralf Dahrendorf: Gesellschaft und Freiheit. Zur soziologischen Analyse der Gegenwart. München 1961, S. 94-99.
[28] Mollenhauer: Erziehung und Emanzipation, S. 29f.

Diese Art der Erziehung entspricht nach Mollenhauers Ansicht nicht den gesellschaftlichen Realitäten und erklärt Konflikte wie „parlamentarische Debatte und Revolution, Lohnverhandlungen und Streik, Machtkämpfe in einem Schachklub, einer Gewerkschaft und einem Staat"[29] zu etwas negativem.

Klaus Mollenhauer betont, dass gesellschaftliche Konflikte von der Erziehungswissenschaft nicht unbeachtet bleiben dürfen und bringt sich durch diese Position selbst in die Kritik. Heinz-Elmar Tenorth beispielsweise betrachtet Mollenhauers These insofern als problematisch als sie „das Gegebene – und damit die Erziehung"[30] in Frage stellt und deren Legitimität bestreitet. Tenorth argumentiert weiter, dass Mollenhauers These „methodisch und gesellschaftstheoretisch [...] die Vermittlung von Theorie und Praxis der Erziehung"[31] verhindert, eine Sichtweise, welcher sich auch Michael Winkler anschließt. So betont dieser, dass die Gesellschaft keiner Kritik ausgesetzt werden dürfe, so lange keine Aneignung der gesellschaftlichen Grundlagen stattgefunden habe. Denn dies habe fatale Folgen insofern als „es nicht nur den Realitätssinn [vernichte], sondern [...] auch den Geltungsanspruch der Kultur als Bedingung menschlichen Handelns"[32] schädige. Diese Überlegung, so Winkler, lässt sich auch auf Mollenhauers Erziehungstheorie anwenden, denn die von ihm geforderte Emanzipation der Erziehungswissenschaft verliere ihre Bedeutung „weil das von Mollenhauer unter dem unglücklichen Begriff der Anpassung erkannte Element einer Welt- und Wirklichkeitsaneignung fehlt".[33]

3.3 Disfunktionale Momente der Erziehungswirklichkeit

Wie bereits erwähnt, weist Mollenhauer in seiner polemischen Skizze auf die Bedeutung disfunktionaler Momente für die Erziehung hin. Diese 'disfunktionalen Moment der Erziehungswirklichkeit', wie sie der Autor nennt, waren eine bis dahin wenig bis überhaupt nicht beachtete Perspektive, durch deren Hervorheben Mollenhauer schließlich nicht nur die übliche Sichtweise pädagogischer Phänomene in Frage stellte, sondern auch die Bedeutung der Sozialisation und Schichtzugehörigkeit für die praktische Erziehung hervorhob. In diesem Ansatz nimmt die Frage,

---

[29] Dahrendorf: Gesellschaft und Freiheit, S. 125.
[30] Tenorth: Kritische Erziehungswissenschaft, S. 21.
[31] Ebd.
[32] Michael Winkler: Klaus Mollenhauer. Ein pädagogisches Porträt. Weinheim/Basel 2002, S. 55.
[33] Ebd.

„ob und in welcher Weise unsere Erziehungspraktiken und die Organisation des Bildungswesens geeignet sind, den bestehenden Schichtenaufbau unserer Gesellschaft zu stabilisieren und seine Veränderung zu verhindern, jedenfalls soweit er sich in den Bildungsprozessen reproduziert"[34]

eine zentrale Rolle ein.

Der hintergründige Gedanke Mollenhauers hinsichtlich dieser Frage, liegt in der Überlegung inwieweit die Bildungstheorie der allgemeinen und einheitlichen Bildung für alle einem realistischen theoretischen Grundsatz unterliegt. Mollenhauers Position in dieser Frage ist eindeutig: Er betont, dass eben jene Bildungstheorie auf einen falschen theoretischen Ansatz fuße, der von gleichen Voraussetzungen der Schüler ausginge, die jedoch niemals gegeben waren. „[I]ndividuelle Faktoren"[35] und Abweichungen zwischen den Schülern wurden nicht als Resultat unterschiedlicher sozialer Hintergründe gesehen, sondern lediglich als Disfunktionen, die es durch Unterrichtsmethoden auszugleichen galt. Dass diesen sogenannten disfunktionalen Momenten mehr Aufmerksamkeit zugesprochen werden müsse, als sie bis dato von der Wissenschaft erhielten, begründet Mollenhauer mit der Beobachtung, dass sich „die beobachteten Disfunktionen […] als Merkmale kollektiven Bildungsschicksals interpretieren"[36] lassen. Die genannten sozialen Unterschiede beeinflussen laut Mollenhauer also nicht nur die Schüler als Individuen, sondern können sich auf ganze Gruppen auswirken, deren Bedürfnisse in der Erziehungswirklichkeit trotzdem keine Beachtung finden. Im Folgenden sollen verschiedene Beispiele aufgezeigt werden, anhand derer Mollenhauer seine Position zu belegen versucht.

Mollenhauers erstes Beispiel bezieht sich auf Untersuchungen der Sprachforschung, deren Ergebnisse die Abhängigkeit zwischen einem schichtspezifischen sprachlichen Niveau und schulischen Leistungen verdeutlichen. Da Sprachkompetenz ein wesentliches Element in den meisten Unterrichtsfächern darstellt, stoßen vor allem Schüler aus Familien der Unterschicht im Unterricht häufig an ihre Grenzen. Mollenhauer erläutert, dass Lehrer sich in der Regel den Sprachformen der Mittelschicht bedienen, denen sich nicht nur individuelle Schüler aus der Unterschicht nicht gewachsen sehen, sondern die bei ganzen Gruppen zu schulischen Schwierigkeiten führen. Dieses Beispiel bringt den funktionalen Ansatz

---

[34] Mollenhauer: Erziehung und Emanzipation, S. 32.
[35] Ebd.
[36] Mollenhauer: Erziehung und Emanzipation, S. 33.

der Erziehungswissenschaft an seine Grenzen, denn laut diesem wären genannte Schwierigkeiten als funktional zu bezeichnen, wenn sie der gesellschaftlichen Stabilität dienten. Da dies nicht der Fall ist, sondern diese Problematik eher die bestehende soziale Ordnung wiedergibt, erscheint eine Einordnung in die Kategorie 'disfunktionale Momente' angebrachter.

Als zweites Beispiel werden die Ergebnisse aus der Familienforschung des zeitgenössischen amerikanischen Entwicklungspsychologen Urie Bronfenbrenner angeführt. Mit diesem Beispiel betont Mollenhauer einmal mehr, dass sich die bisherige erziehungswissenschaftliche Theorie auf einem Irrweg befand, wenn sie angenommen habe, „daß gleiches Erziehungsverhalten mindestens ähnliche Wirkungen bei allen zu Erziehenden habe".[37] Zwei der Erkenntnisse Bronfenbrenners sind für Mollenhauer von besonderem Interesse: Verschiedene Probleme in der Erziehung sind nicht auf individuelle Faktoren zurückzuführen, sondern sind schicht- oder geschlechtsspezifische Charakteristika, die „gravierende Unterschiede in der Erziehungspraxis der Mittel- und Unterschicht"[38] hervorrufen. Darüber hinaus stellte Bronfenbrenner fest, „daß die Angleichung der Erziehungspraktiken keine gleichsinnige Angleichung der Erziehungsresultate zur Folge hat".[39] Wie schon Mollenhauers erstes Beispiel, zeigen dieses und weitere Ergebnisse der Familienforschung Bronfenbrenners erneut die Grenzen des funktionalen Ansatzes auf.

Auch wenn es Mollenhauer in seiner polemischen Skizze gelingt durch diese beiden Beispiele die Grenzen des funktionalen Ansatzes aufzuzeigen, stand der Autor diesem Ansatz nicht grundsätzlich ablehnend gegenüber. Er verwies lediglich auf Faktoren, die bisher unbeachtet geblieben waren, jedoch als Bestandteil seiner Forderung nach einer neuen Erziehungstheorie, die beachtet, „dass die Erziehung [...] einen Wirkungszusammenhang multipler Felder [...] darstellt"[40], Berücksichtigung finden sollten.

---

[37] Ebd.
[38] Mollenhauer: Erziehung und Emanzipation, S. 33.
[39] Ebd., S. 34.
[40] Ebd., S. 35.

3.4 Die Bedeutung der Thesen Klaus Mollenhauers für die Kritische Erziehungswissenschaft

Klaus Mollenhauer traf mit seinem Buch *Erziehung und Emanzipation. Polemische Skizzen* zwar genau den Geist der sechziger und frühen siebziger Jahre in Deutschland, konnte jedoch nicht verhindern, dass die Kritische Erziehungswissenschaft später an Bedeutung verlor, nicht zuletzt, weil sie keinen praktischen Beitrag zu aktuellen bildungspolitischen Themen leisten konnte.

Bodo Rödel weist darauf hin, dass Mollenhauer zunächst an seiner Konzeption festgehalten habe, dann jedoch erleben musste,

> „dass durch die offensichtliche Wirkungslosigkeit der Kritischen Erziehungswissenschaft, welche vor allem in der fehlenden Anleitung und Legitimation praktischer pädagogischer Arbeit offensichtlich wurde, dieses Konzept zunehmend an Bedeutung verlor."[41]

Mollenhauers Forderungen stellten eine enorme Zumutung für die Pädagogik der damaligen Zeit dar und entzogen seiner Theorie von vornherein jegliche Legitimation, da die von ihm genannten Werte von Anfang an heftiger Kritik ausgesetzt waren. Da Mollenhauer es zum Einen verpasste eine „normative Setzung einer gesellschaftsverändernden Pädagogik"[42] vorzunehmen und sich zum Anderen die politische Situation in Deutschland allmählich veränderte, verlor die Kritische Erziehungswissenschaft zunehmend an Interesse, konnte nur noch in den Medien eine Geltung finden – unter Umständen gerade hinsichtlich „ihrer Inhaltslosigkeit".[43] So wendete sich auch Mollenhauer schließlich anderen Themen, vornehmlich kulturanthropologischer und ästhetischer Art zu.

---

[41] Rödel: Rekonstruktion der Pädagogik Klaus Mollenhauers, S. 18.
[42] Rödel: Rekonstruktion der Pädagogik Klaus Mollenhauers, S. 113.
[43] Ebd.

4. Schlussbetrachtung

Als einer der bedeutendsten Sozialpädagogen der sechziger und frühen siebziger Jahre in Deutschland setzte sich Klaus Mollenhauer kritisch mit den Thesen der geisteswissenschaftlichen Pädagogik, vertreten in erster Linie durch Herman Nohl, auseinander. Mollenhauers im Jahr 1968 erschienenes Werk *Erziehung und Emanzipation. Polemische Skizzen* ist bekannt für den kritischen Umgang mit eben jenen Thesen, die, nach Meinung des Autors, zur Lösung der gegenwärtigen Erziehungsprobleme und -realitäten ungeeignet waren.

Mollenhauer stellt die Theorien der geisteswissenschaftlichen Pädagogik in Frage, denn deren Suche nach dem Wesen des erzieherischen Verhaltens könne nicht die Lösung der gegenwärtigen gesellschaftlichen und sozialen Probleme sein. Stattdessen fordert Mollenhauer eine Erziehungstheorie, welche jene Problematik in ihr Interesse einbeziehen und die gesellschaftlichen Realitäten analysieren sollte. Im Hinblick auf diese Forderung erfährt das traditionelle funktionale Erziehungsmodell eine nähere Untersuchung mit dem Ergebnis, dass dieses Modell bisweilen an seine Grenzen stößt und die ihm gegenüberstehenden disfunktionalen Momente bisher fälschlicherweise vernachlässigt wurden. In Reaktion auf die politische und gesellschaftliche Situation seiner Zeit, macht Mollenhauer deutlich, dass disfunktionale Momente, beispielsweise Konflikte, Einzug in die erziehungswissenschaftlichen Theorien finden müssen, da sie verantwortlich sind für Wandel und – ob positiv oder negativ – Veränderung der Gesellschaft. Mit Hilfe unterschiedlicher Beispiele verdeutlicht Mollenhauer darüber hinaus, dass sich die soziale Lebenswelt und schichtspezifische Charakteristika des zu Erziehenden auf die schulische Praxis auswirken, eine einheitliche und allgemeine Schulpädagogik daher, weil von nicht gegebenen gleichen Voraussetzungen der Schüler ausgehend, ungeeignet ist.

Mollenhauers Kritik wurde jedoch bald selbst Zielscheibe heftiger Kritik: Mollenhauer orientierte sich nicht an einer normativen Setzung und formulierte seine Forderungen so, dass weder Erziehung noch Emanzipation noch möglich erscheinen, da ihnen durch die von vornherein bestehende Gesellschaftskritik die Legitimationsgrundlage genommen wird. Die Tatsache, dass der Kritischen Erziehungswissenschaft auch ein Mangel an praktischen Handlungsanweisungen vorzuwerfen ist, trug ihr Übriges dazu bei, dass Mollenhauers Thesen und Theorien zunehmend an Bedeutung verloren.

5. <u>Literaturverzeichnis</u>

DAHRENDORF, RALF: Gesellschaft und Freiheit. Zur soziologischen Analyse der Gegenwart. München 1961.

MOLLENHAUER, KLAUS: Erziehung und Emanzipation. Polemische Skizzen, München [4]1970.

MILLS, C. WRIGHT: Kritik der soziologischen Denkweise. Neuwied am Rhein/Berlin-Spandau 1963.

NIEMEYER, CHRISTIAN: Klassiker der Sozialpädagogik. Einführung in die Theoriegeschichte einer Wissenschaft. Weinheim/München [2]2005.

RÖDEL, BODO: Rekonstruktion der Pädagogik Klaus Mollenhauers. Ein Beitrag zur Geschichte der Pädagogik in der Postmoderne. Hamburg 2005. (Sozialpädagogik in Forschung und Praxis; Bd. 12)

TENORTH, HEINZ-ELMAR: Kritische Erziehungswissenschaft oder: von der Notwendigkeit der Übertreibung bei der Erneuerung der Pädagogik. In: Dietrich, Cornelie und Müller, Hans-Rüdiger (Hrsg.): Bildung und Emanzipation. Klaus Mollenhauer weiterdenken. Weinheim/München 2000.

WINKLER, MICHAEL: Klaus Mollenhauer. Ein pädagogisches Porträt. Weinheim/Basel 2002.

Lightning Source UK Ltd.
Milton Keynes UK
UKHW050627210921
390952UK00009B/642

9 783656 609834